SNEHARTHI

SNEHA MODHA THANKI

BookLeaf Publishing

India | USA | UK

Presentation by *BookLeaf Publishing*

Web: www.bookleafpub.com

E-mail: info@bookleafpub.com

ISBN: 9789360944414

First edition 2024

DEDICATION

This book is dedicated to my parents and all my family members.

ACKNOWLEDGEMENT

I would like to take this opportunity to thank GOD for making me able to put my thoughts on paper, my parents, for letting me do what I feel is suitable for me, my professors, for grooming and encouraging me to excel in the area of poetry, and finally I would like to thank my in-laws and a loving husband for making my wish come true.

Last but not the least, I would like to thank BookLeaf Publishing for publishing it for me.

PREFACE

Our day to day life as a daughter, housewife and a mother needs a lot of transactions probably every hour. The day when you wake up, there are responsibilities, which are waiting for the time you wake up.

तो देखो

अनंता है प्यार का समंदर
स्नेह में डुबकी लगाके तो देखो
चित्र है अभिलाषा के असीम
उसमे अलौकिक रंग भरके तो देखो
रिश्ते हैं ठंडाई के भरे प्याले
चुस्की उसकी लगाके तो देखो
अनंत है सपनों का खेत
बीज मेहनत के बो कर तो देखो
मिलती है मंज़िल सामने से
दबंग कदम बढ़ा के तो देखो
आशियाने में हैं दो अर्चनीय ईश्वर
नतमस्तक अपने झुकाके तो देखो
ज़िंदगी है अपनी बहता झरना
साथ उसके बह कर तो देखो

कठोर बना करो

कभी तो कठोर बना करो
अदब से ही रहते हो
कभी तो अक्कड़ बाज बना करो
मनमर्ज़ी का किया, लिया उसका,
कभी तो चिट्ठा माँगा करो
शौक़ से खरीदा उसको
कभी तो फ़ाज़िल खर्चा कहा करो
कई बार हुआ नमक कम ज़्यादा
कभी तो मुँह बिगाड़ा करो
बुखार में माँ, नखरे पे बने पापा
कभी तो बेकदर बना करो
बेहूदा हरकतों में बने दोस्त
कभी अकड़ सा पति भी बना करो
सदिया रहें हम साथ में
स्नेहानंद सा बना करो
क्यों इतना नरम हो
कभी तो कठोर बना करो

पहले तो मैं भी

पहले तो मैं भी
जो चाहे पहनती थी
बढ़िया सोच रखती थी
देर से मैं जागती थी
बड़े ख्वाब सजाती थी
तवे से सीधा थाली में
मेरी रोटियाँ आती थी
आने-जाने की न पाबंदी थी
ना अनुमति लेनी पड़ती थी
देर से आने पे कभी
न घड़ी दिखाई जाती थी
कई गलतियाँ करती थी

फिर भी माफ़ वो सारी होती थी
अहम फैसलों में मेरा भी
अभिप्राय लिया जाता था
ऐसा कोई राज़ ना था
जो मुझसे छुपाया जाता था
बार-बार रूठने पर
हर बार मनाई जाती थी
मनभर में हँसती थी
खुलकर बातें अपनी रखती थी
पर अब नहीं
किसी के घर की बहू जो हूँ

स्नेहार्थी

मैं सवेरा हूँ
तो साँझ भी
कभी अंधेरी रात भी
मैं शोर हूँ
तो मौन भी
कभी ना थमे वो बात भी
मैं इश्क अपार हूँ
तो नफ़रत की दीवार भी

मैं हर इक पहचान भी
मैं अस्त्र हूँ
तो शस्त्र भी
न रुकने वाला योद्धा भी
मैं पीछे हूँ
तो आगे भी
हर कदम में साथ भी
मैं राधा हूँ
तो लक्ष्मी भी
क्रोध के आवेश में काली भी
मैं द्रौपदी हूँ
तो सारथी भी
हर रूप में स्नेहार्थी भी

बन गई मैं

जन्म लेते ही घर की लक्ष्मी तो
औरों के लिए पराया धन बन गई मैं
पति का मान-सम्मान बनी तो
ससुराल के लिए ताना बन गई मैं
बच्चों को कुछ सिखाना चाहा
तो उनके लिए चिक-चिक बन गई मैं
हक के लिए आवाज़ उठाई तो
रिश्तेदारों के लिए बात बन गई मैं
बनने की चाह थी कुछ और ही
पर सब के लिए कुछ और ही बन गई मैं
करते थे जो प्यार उनके लिए याद तो
बाकी सब के लिए राख बन गई मैं

कुछ सालों में

आँखों से शुरू नए सफ़र का क़ाफ़िला
बढ़ा रफ़्ता-रफ़्ता
इन कुछ सालों में
अनदेखे अजनबी से कब
हमराज़ बन गए
जो बोल न सकी ज़ुबान
वो अल्फाज़ भी सुनने लगे
इन कुछ सालों में
रिश्ते की कढ़ाई में नमक कभी कम
तो चीनी कभी ज्यादा पकी
इन कुछ सालों में

खुलकर हँसे कभी हमनवा तो कभी
बेइंतहा दर्द से रोए
इन कुछ सालों में
बेनाम था रिश्ता एहसासों का
जिसने रखा नाम "स्नेहानंद"
इन कुछ सालों में
ज़हनसीब रहे जो तलब की वो पाया
रेयांश की इनायत से
इन कुछ सालों में

यहीं रुक जाऊँ मैं

उड़ेंगे आसमान से ऊपर या
पंख कटवा लूँ मैं
साथ खड़े रहोगे या
लडखड़ा जाऊँ मैं
उपचार कुछ करोगे या
मरीज़-ए-इश्क़ बन जाऊँ मैं
ज़िंदा रखोगे या
तुम पे ही मर जाऊँ मैं
इच्छा मैं हूँ या
अनिच्छा बन जाऊँ मैं
बनाओगे अपना स्नेहार्थी या
बिन अर्थ ही रह जाऊँ मैं
सुनो, मंज़िल तक चलूँ या
यहीं रुक जाऊँ मैं

जान नहीं पाते

क्यों चाहते हैं वही पाना
जो तकदीर से हम माँग नहीं पाते
क्यों सपने देखते हैं बड़े-बड़े
जल्दी जब आँख खोल नहीं पाते
क्यों भागते हैं मंज़िल के पीछे
जहाँ चार कदम हम चल नहीं पाते
क्यों इज़्ज़तदार बनते हैं बाहर
जो अपनों को इज़्ज़त दे नहीं पाते
क्यों प्यारी बातें करते हैं औरो से
जो प्यार का एक शब्द घर में बोल नहीं पाते
क्यों करते हैं कुछ वादे
जिसे हम निभा नहीं पाते
क्यों लिखते हैं वो कहानी
जिसका मर्म हम जान नहीं पाते

"घर" सजा रखा है

मेरे घर आए मेहमान ने
घर देखके कहा अरे
तुमने बसाया है इतना
जैसे सदा यहीं है रहना
ये सोफे, नीचे बिछा कालीन
दीवारों पे फ्रेम, तो नए परदे
कमरे में बड़ी अलमारियाँ
तो सजावटी चीजें पीतल की
रसोई में बर्तन सारे काँच के
तो घर में काम की इतनी मशीनें
बाल्कनी को बनाया है बगीचा
और इतने महंगे पौधे
छोटा मंदिर कम चीज़ें तो
थोड़ा सामान क्यों न रखा
तबादला होने पर दूसरे शहर
इन सबकी वहाँ क्या होगी जगह
क्यों सजाती हो इतना अच्छा
किराये के मकान में इतना खर्चा?
तो मुस्कुरा के मैंने सिर्फ उतना कहा

बाकी है अभी थोड़ा और सजाना
क्योंकि,
बेशक किराये पे तो "मकान" ले रखा है
पर मैंने तो मेरा "घर" सजा रखा है

मैं नहीं चाहती

मैं नहीं चाहती
तुम मरहम ही बनो
हर पल सताने वाला
घाव ही बन जाओ
मैं नहीं चाहती
तुम शांत ही रहो
मैं खुशियों से झूमूँ वो
"स्नेहानंद" ही बन जाओ
मैं नहीं चाहती सराहो
तुम हर बार मुझे
वो सुधारने वाली डाँट ही बन जाओ
मैं नहीं चाहती तुम
मुझे ही सुनो
रोज़ मैं सुनूँ ऐसा
कथन ही बन जाओ
मैं नहीं चाहती
सब तुम्हें जानें
सिर्फ मुझे ही पता हो

वो पहेली बन जाओ
मैं नहीं चाहती
तुम आर्चनिय ही बनो
मेरे लिए आया कोई
फ़रिश्ता ही बन जाओ
मैं नहीं चाहती तुम
किसी के "स्नेहार्थी" बनो
ताउम्र मेरे लिए
"आनंद" ही बन जाओ

हर किसी के लिए

फूल बनकर खिलती रही
खुशबू हर पल बिखेरती रही
हर किसी के लिए

पेड़ की तरह धूप सहती रही
फल-फूल और छाँव देती रही
हर किसी के लिए

गम में भी मुस्कुराती रही
आँसू को पलकें छुपाती रहीं
हर किसी के लिए

दुनिया के कदम से कदम मिलाती रही
आगे बढ़कर भी पीछे चलती रही
हर किसी के लिए

कड़ी बनकर रिश्तों को जोड़ती रही
कभी अपने सपनों को तोड़ती रही
हर किसी के लिए
बेटी बहन पत्नी तो कभी माँ बनती रही
और अपने अरमानों का त्याग करती रही
हर किसी के लिए
फिर भी हर समाज में बोझ कहलाती रही
आज भी जीने से पहले ही जान गँवाती रही
हर किसी के लिए

मेरा पोरबंदर

बचपन का वो आँगन
पापा के हाथो की मिठाई
माँ के बनाए सारे पकवान
भाई के साथ बाँटी हर रोज़
वो चॉकलेट याद आती है
मुझे मेरा पोरबंदर याद आता है
आखातीज पे सुदामा मंदिर
तो संघडिया बाज़ार की चूड़ियाँ
लहराता चौपाटी का दरिया और
हुज़ूर महल याद आता है
मुझे मेरा पोरबंदर याद आता है
कभी स्कूल कभी कॉलेज
सभी त्यौहार तो कभी
रिश्तेदार याद आते है
मुझे मेरा पोरबंदर याद आता है

कई बार बिना पता पूछे ही पापा के
नाम से घर छोड़ने वाली रिक्शा
मायके और ससुराल को जोड़ता
वो कली का पुल याद आता है
मुझे मेरा पोरबंदर याद आता है
विश्व में कीर्ति मंदिर की है ख्याति बड़ी
गाँधी जन्म भूमि की गरिमा याद दिलाता है
पास में बसे द्वारिका और सोमनाथ जाना याद आता
है
मुझे मेरा पोरबंदर याद आता है

जी लेती कभी

आँखों में काले घेरे सफेद बाल थका चेहरा
ऐसा तो न था हाल पहले कभी
आईने के सामने खड़ी मैं ही हूँ या
आईना दे रहा है धोखा अभी
आईना बोला खुद पे न दिया ध्यान कभी
तो क्यों हो रही हो हैरान अभी
घर को इतना साफ रखा पर
ना किया खुद कोई व्यायाम कभी
नींद पूरी ना करी सबके लिए
काले घेरे हुए आँखों में तभी

सब की मनपसंद खीर तो लापसी बनाती
अपने लिए भी कभी श्रीखंड बनाती
घर की रंगोली के साथ-साथ
अपने बालों को भी रंग देती कभी
आँगन रसोई तो अलमारी चमकाती
तब इस्त्रीवाला कुर्ता भी खुद पहनती कभी
ना कहा किसी ने थकी हो तुम भी
फिर भी थोड़ा आराम कर लेती कभी
वक्त गवाया सबके लिए कुछ लम्हे
खुद के भी जी लेती कभी

अक्सर वही

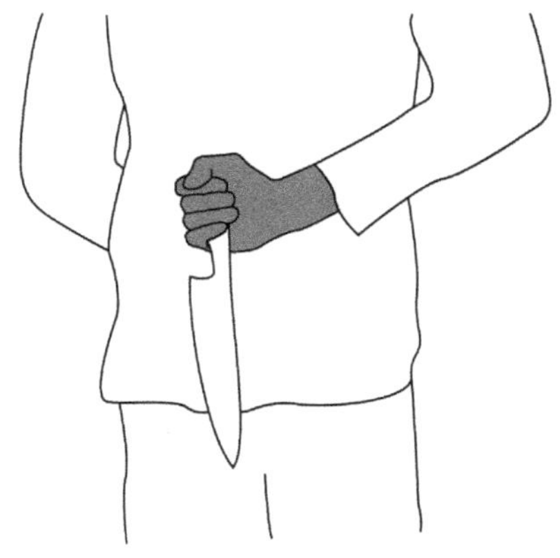

जिसको हम हँसाते है ना
अक्सर वही
हमारे आँसू को अनदेखा कर देते हैं
जिनकी हम खाने पे राह देखते है ना
अक्सर वही
उनकी दावत में हमें भूल जाते हैं
जिनको बुखार होने पे काढ़ा पिलाते हैं ना
अक्सर वही
हमें जुकाम होने पर दूर बैठ जाते हैं
जिनको हक से सही गलत की पहचान करवातें है ना
अक्सर वही

हमारी और शब्दों की कीमत कोड़ी बताते हैं
जिनकी बंद किस्मत का ताला हम खोलते हैं ना
अक्सर वही
हमें दरवाजे का पायदान बना के चले जाते हैं

छूट तो नहीं रहा

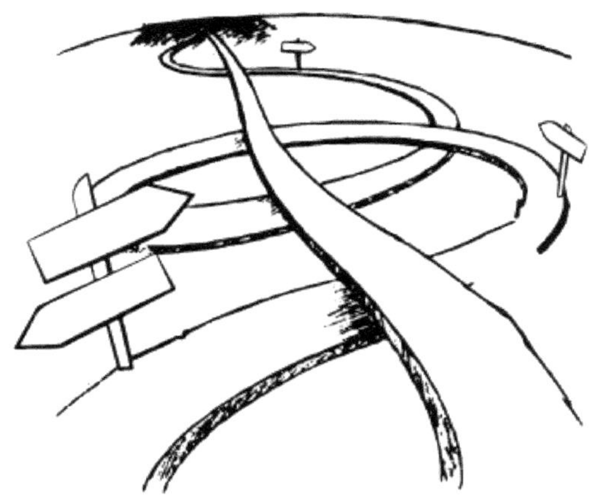

भरने के बाद घर का पूरा सामान
बोले पैकर्स मूवर्स वाले भैया
मैडम चेक कर लो पूरा घर
कहीं कुछ छूट तो नहीं रहा
तनिक सोचा की बोल दूँ कि
हाँ बहुत कुछ है जो छूट रहा यहाँ
भर पाओगे क्या जो ले जा सकूँ वहाँ
नई पहचान बनानी पड़ेगी वहाँ
अपने और पहचान वाले छूट रहे हैं यहाँ
नई भाषा सुनाई देगी वहाँ तो
मेरी मातृभाषा छूट रही है यहाँ
महक होगी बिरयानी की वहाँ
तो फाफड़ा और जलेबी छूट रही है यहाँ
अलग से होंगे त्यौहार और माहौल वहाँ

तो त्यौहारों में माहौल बनाते मेरे दोस्त छूट रहे हैं यहाँ
ट्रक में भर के सब कुछ ला सकते हो वहाँ
बहुत कुछ है मेरा जो छूट रहा है यहाँ

तब समझ आई

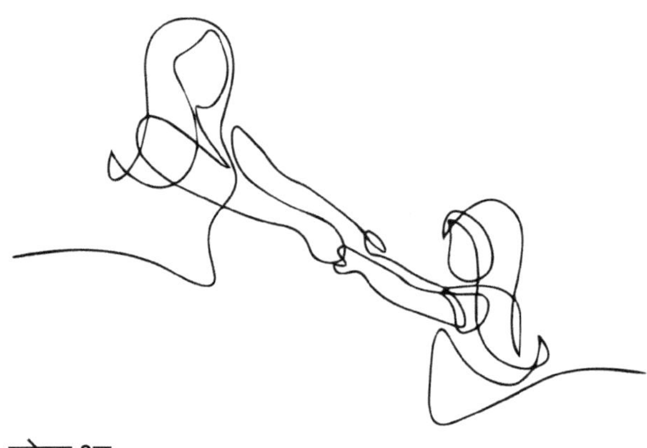

सोचा था
दौड़ेंगे बिना रुके और
गिरने पर उठा लेंगे मुझे
पर ऊँचाई से धक्का दिया
और कदम लड़खड़ाए मेरे
माँ तुम तब समझ आई
सोचा था
ये दुनिया चाहेगी मुझे
खैरियत पूछेगी मेरी
पर सब ने ठुकराया और
गहरे घाव दिए मुझे
माँ तुम तब समझ आई
सोचा था
सब सराहेंगे मुझे क्योंकि
सारे अपने ही तो हैं पर
वो सारे जब सपने निकले

मिल के नुक्स निकाले मुझ में
माँ तुम तब समझ आई
सोचा था
हम ही सही हैं हर बार
तुम को गलत ठहराया था कई बार
अब गलत हम ठहरते हैं यूही बारंबार
माँ तुम तब समझ आई

बनना है तो

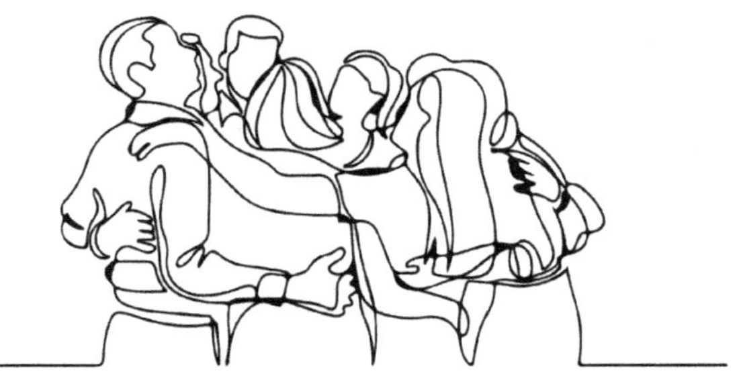

बनना है तो
किसी की रोशनी बनो
अंधेरा बनने में रखा क्या है
किसी की खुशी बनो
दुख देने में रखा क्या है
बनना है तो
किसी होंठों की हँसी बनो
आँसू बनने में रखा क्या है
बनना है तो
कोई खुशबूदार फूल बनो
काँटा बनने में रखा क्या है
जीवन भर सबके दोस्त बनो
दुश्मन बनने में रखा क्या है
बनना है तो
किसी की दवा बनो
दर्द बनने में रखा क्या है
किसी की जान बनो
राख बनने में रखा क्या है

ये वक्त

कहीं खुलकर हँसाता है तो
कहीं खूब रुलाता है
कहीं फूलों की मंज़िल है तो
कहीं काँटों की राह है
ये वक्त
कहीं जश्न जीत का है तो
कहीं हार का है ये
कहीं सुख का सागर है ये
तो कहीं ग़मों की बारिश है
ये वक्त
कहीं मीठा पकवान है तो
कहीं कड़वा नीम है
कहीं बना मलहम है तो
कहीं गहरा ज़ख़्म है

ये वक्त
कहीं प्यार की छाँव है तो
कहीं नफ़रत की धूप है ये वक्त

अच्छा होता

तितलियाँ जो गुनगुनाती
उड़ता मोर दूर तलक
तो कितना अच्छा होता
गुलाबो में न होते काँटे
न कमल खिलता कीचड़ में
तो कितना अच्छा होता
मन मैला न होता मानव का
बोलते सभी भाषा सिर्फ प्रेम की
तो कितना अच्छा होता
धरती ना बाँटता इंसान और
बिना सरहदें होती दुनिया
तो कितना अच्छा होता

रुकना मत

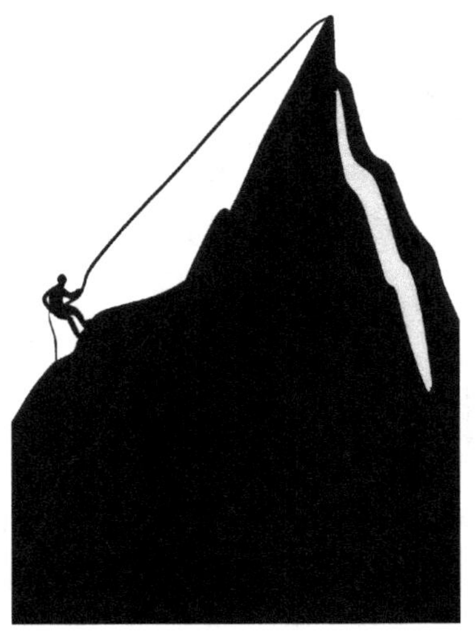

राहों में तुम ठहरना पर
कभी रुकना मत
चलते-चलते लड़खड़ाना पर
कभी गिरना मत
सच के लिए बोलना पर
कभी झूठा बड़बड़ाना मत
गलती हो तो सुनना पर
कभी गलत किसी को सुनाना मत
धोखेबाज़ों से डरना पर
कभी डर से दबना मत
लड़ते-लड़ते तुम हारना पर
कभी लड़ने से हारना मत

ये दुआ हमारी

खिलती रहे फूल जैसी हसी हर पल तुम्हारी
उदासी का काँटा कभी ना आए पास तुम्हारे
सिर्फ इतनी सी तो है ये दुआ हमारी
हर मौसम हो खुशियों से भरा तुम्हारा
उस मौसम में न हो अंधेरा पास तुम्हारे
सिर्फ इतनी सी तो है ये दुआ हमारी
हर सफर हो रंगों से भरा तुम्हारा
वो फीके न पड़े कभी रंग तुम्हारे

सिर्फ इतनी सी तो है ये दुआ हमारी
रहे आशीर्वाद सबका साथ तुम्हारे
अधूरे ना रहे कभी सपने तुम्हारे
सिर्फ इतनी सी तो है ये दुआ हमारी
रहें दुआ मेरी हर दम साथ तुम्हारे
शायद मैं रहूँ न रहूँ पास तुम्हारे
सिर्फ इतनी सी तो है ये दुआ हमारी